DES ÉMIGRÉS

ET

DE LEURS PRÉTENDUS CRÉANCIERS

DANS LA LOI D'INDEMNITÉ.

IMPRIMERIE ANTHELME BOUCHER,
RUE DES BONS-ENFANS, N°. 34.

DES ÉMIGRÉS

ET

DE LEURS PRÉTENDUS CRÉANCIERS

DANS LA LOI D'INDEMNITÉ;

PAR M. LE COMTE D'OILLIAMSON,

LIEUTENANT-GÉNÉRAL,

GRAND'CROIX DE L'ORDRE ROYAL ET MILITAIRE DE SAINT-LOUIS.

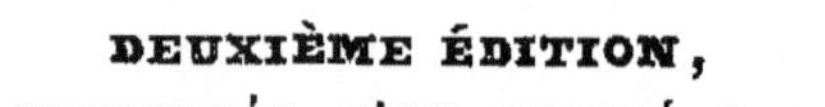

DEUXIÈME ÉDITION,

AUGMENTÉE D'UN SUPPLÉMENT.

PARIS.

DELAFOREST, LIBRAIRE, PLACE DE LA BOURSE,

RUE DES FILLES-SAINT-THOMAS, N°. 7

1827.

DES ÉMIGRÉS

DE LEURS PRÉTENDUS CRÉANCIERS

DANS LA LOI D'INDEMNITÉ.

LE Roi, dont toute la France connaît les principes élevés de justice et le désir ardent de faire le bonheur de son peuple, a dit à ses ministres : « Mes compagnons d'armes dans l'émi-
» gration, comme les fidèles royalistes de
» l'intérieur de mon royaume, ont tout sa-
» crifié pour la défense de la monarchie de
» Saint-Louis; leur cause est la mienne ;
» rentré dans la légitimité de mes droits,
» ils souffrent sans murmure la spoliation de
» leurs biens. Depuis assez et trop long-temps,
» la plupart succombe sous le poids de leur
» détresse, leur dévouement brille jusque
» dans leur silence. Ils ont tout perdu, mais
» il leur reste ma justice ; leurs droits ne

» peuvent s'éteindre que dans une intégrale
» indemnité; je veux, en conséquence, que
» la loi en soit proposée aux Chambres. »

La loi fut présentée, mais le vœu du Roi fut-il rempli?

Je ne m'étendrai pas sur cette loi aussi étrange dans sa lettre que dans son esprit, et dont l'opinion générale a déjà fait raison. Je n'aborderai que celle de ses dispositions entachée le plus évidemment d'injustice : je veux parler de la manière dont elle place le malheureux débiteur sous la verge d'un créancier sans droits. Faut-il donc que les émigrés en soient réduits à regretter d'avoir vainement cherché la mort sur les champs de bataille, ou de n'avoir point donné leurs têtes pour paver les places publiques républicaines ! ! . . . .

Qu'est, en effet, aux yeux de la France et de l'Europe, une loi proclamée *loi de justice*, et dont le premier effet est de se mettre en opposition méthodique avec toute la législation primitive et secondaire qui, depuis trente-trois ans , régit encore légalement aujourd'hui la matière en discussion? Qu'est, en effet, cette loi qui, devant me rendre une fortune intégrale, ne me laisse rien et donné tout à un créancier dont les droits sont légalement anéantis, les prétentions répoussées par les lois même conservatrices de ses droits primitifs, lois dont il a méprisé la puissance et la volonté, la protection et la tutelle?

Parmi les nombreuses victimes que frappe la loi d'indemnité, créée cependant, dit-on, en faveur des émigrés, il doit m'être permis de me citer pour exemple.

J'avais quatre terres avant la révolution : trois dans le département du Calvados, arrondissement de Falaise ; la baronie de *Courcy*, troisième baronie de la province de Normandie : soixante terres nobles en relevaient ; les terres de *Coulibœuf* et de *Perrière*, dans les mêmes circonscriptions, et la terre de *Prouville*, département de la Somme.

J'avais acheté les terres de *Perrière* et de *Prouville* plus de *six cent mille francs* ; les contrats sont chez les notaires de Paris.

J'avais bâti un château sur la terre de *Coulibœuf* ; il m'avait coûté plus de *cent mille écus*. Il est bon d'observer que cette terre a été estimée, à la fin de 1825, par experts, à une valeur de 745,000 fr. Le château et dépendances n'ont été portés dans cette somme que pour 120,000 fr., et le mobilier du château a été vendu environ 100,000 fr., par le gouvernement révolutionnaire.

J'observerai de plus que ma terre de *Prouville*, qui m'avait coûté 300,000 fr., n'a été vendue que 10,000 fr. en argent. Depuis quatre ans, l'acquéreur a vendu pour 27,831 fr. de bois ; d'où il résulte qu'il a eu la terre et 18,000 fr. *pour rien !*

La vente des trois autres terres a suivi à-peu-près la même proportion, et je suis convaincu que mes quatre terres et les meubles de mes châteaux, n'ont pas rapporté au gouvernement d'alors 100,000 fr. en argent. Je dis la pure vérité ; je puis prouver ce que j'avance par les actes chez les notaires de Paris.

J'avais acheté la charge de capitaine-général des chasses de l'apanage de MONSIEUR, frère de S. M. Louis XVI ; je l'ai perdue par l'avènement de S. A. R. au trône ; elle m'avait coûté *soixante mille francs*.

Pour payer mes créanciers, j'avais vendu, avant la révolution, ma terre de *Courcy* sept cent soixante mille francs ; le contrat est à Paris. Par ce moyen, je n'avais plus de dettes.

Mon acquéreur avait plusieurs millions placés sur *Pinet*, agent-de-change, lequel fut assassiné au commencement de la révolution, et fit une banqueroute de 52 millions. Mon acquéreur mourut de désespoir ; je fus obligé de rentrer dans ma terre, faute de paiement, et mes dettes me sont restées. Les quatre terres dont j'ai été spolié par le gouvernement révolutionnaire, me rapportaient 80,000 liv. de rentes environ avant la révolution ; elles valent beaucoup plus actuellement ; par la justice distributive de la loi d'indemnité, elles ne suffiront peut-être pas pour payer mes dettes ! Au reste, comme je ne puis les connaître que par les actes des créanciers, mes papiers ayant été pris ou brûlés, j'attendrai le temps moralement nécessaire.

Les lois fondamentales de la matière, celles constitutives de la législation secondaire, ont ordonné la confiscation et la vente des propriétés ; ont déclaré l'État seul débiteur jusqu'à concurrence des biens meubles et immeubles de chaque émigré, et ont appelé les créanciers à la liquidation et au paiement de leurs créances. La majeure partie des créanciers ont, volontairement et de plein gré, repoussé les moyens de remboursement à eux présentés par les lois; ils ne sont donc plus recevables à faire valoir, vis-à-vis des débiteurs primitifs, de prétendus droits qui n'existent plus, éteints qu'ils sont par la force accablante de la législation tout entière. Si encore ils entraient en instance, pour leur remboursement auprès de l'État, ils n'en seraient pas, à la vérité, mieux accueillis sans doute et avec raison, mais au moins on comprendrait quelque chose de leurs vaines et illégales prétentions, parce qu'enfin on les verrait ainsi aborder de plein-pied le seul débiteur légal qu'ils ont reçu de la loi, sans tourmenter une foule de victimes qui ne leur doivent plus rien.

Tout ce que je viens de dire n'est assurément qu'un sommaire très rétréci des nombreux motifs qui semblent devoir faire un devoir aux Chambres de revenir sur une loi dont toutes les dispositions sont plus ou moins vicieuses. Mais c'est dans la *dissertation* savante, lumineuse et loyale de M. le baron Locré (1),

____

(1) De l'imprimerie de Leblanc, Abbaye-Saint-Germain-des-Prés.

que l'on trouvera cette puissance de raison ,
unie à la justice et aux lois, pour faire triom-
pher les principes légitimes dont je parle , et
qu'il défend avec une si éclatante et invincible
supériorité. Cet ouvrage a été envoyé aux deux
Chambres, délivré dans les bureaux avant la
présentation de la loi, et adressé aux nobles
et honorables membres de ces deux corps de
la législature, au nombre de plus de cent cin-
quante exemplaires.

Les créanciers des émigrés répondent qu'ils
ont refusé leurs remboursemens , parce qu'ils
ne voulaient pas d'assignats. Mais quelle
monnaie pouvaient-ils recevoir, puisqu'il n'y
en avait pas d'autre ? Tout ne s'achetait-il
pas ou ne se vendait-il pas en assignats ? Mais,
d'ailleurs, qui les empêchait de rentrer dans
le montant de leurs créances, en achetant la
terre de celui qui leur devait ? Cette opération
non seulement était légale, mais très légitime
et avouée par tous les sentimens de délicatesse,
puisque le paiement du débiteur s'opérait par
le gage antérieurement destiné à l'extinction
de sa dette. Dans ces temps de désordres et
de dilapidations, où les biens se donnaient en
se vendant pour rien, quel est le créancier

qui aurait à regretter, en ce moment, de s'être remboursé par l'achat de la terre de son débiteur? Avec 5o,ooo fr. en assignats, n'aurait-il pas acquis une propriété de 5oo,ooo francs peut-être en argent aujourd'hui? N'en aurait-il pas perçu les revenus? N'en jouirait-il pas encore?

La conscience législative semble d'autant plus devoir affranchir les émigrés de toutes répétitions de la part de leurs anciens créanciers, que le gouvernement est lui-même intéressé à cette libération, puisqu'il resterait légalement dégagé par la force et la volonté des lois, du remboursement des 3o9 millions, montant des créances qui ne peuvent plus, par le fait des créanciers, être reconnues par la législation de la matière.

Les principes de justice que je viens d'émettre, sont tellement à l'abri d'un doute, que non seulement ils ont dicté les discours de divers orateurs dans les Chambres, mais encore que, dans celle des Députés, le ministère et l'organe de la commission de la loi d'indemnité, n'ont pas cherché à s'y soustraire. Dans la séance du 4 mars 1825, prolongée au lendemain, M. de Martignac, rapporteur, s'est exprimé ainsi :

« La loi du gouvernement révolutionnaire
» a spolié le bien des émigrés ; mais en même
» temps, le même gouvernement, à la même
» époque, a rendu une loi de déchéance con-
» tre ceux des créanciers qui ne se présente-
» raient pas dans un temps limité pour être
» remboursés de leurs créances. »

M. le président du conseil des ministres a
dit dans la même séance :

« Les créanciers ne recevaient que des assi-
» gnats, c'était la monnaie du moment ; ils
» pouvaient acheter des biens d'émigrés ou
» autres, sans blesser leur délicatesse ; et il
» faut, pour payer les créanciers qui n'ont
» pas voulu se faire rembourser, la somme de
» 309 millions. »

Maintenant, puisque le gouvernement actuel a consacré par la Charte la spoliation des
émigrés, ne doit-il pas, par la même raison,
adopter la déchéance des créanciers pronon-
cée par la loi ? Dans le cas contraire, l'effet de
loi d'indemnité, dans ses dispositions ac-
tuelles, sera de déplacer tous les principes
de justice, en arrachant à l'émigré l'indemni-

té qu'il est appelé à recueillir, pour la faire tomber dans les mains de son ancien créancier. D'où il suit que ce dernier sera le seul et véritable indemnisé, et que tout sera alors confusion et malheur. Hélas! pouvait-il en être autrement, lorsqu'une loi de cette importance a été votée avec une aussi étrange précipitation dans les deux Chambres! Que de sécurité de plus, que de larmes de moins, si, pour être mûrie davantage, elle avait été différée d'une session! L'administration publique aurait eu le temps de s'éclairer; et les émigrés, qui attendaient le jour de la justice, depuis le retour du Roi, auraient volontiers donné un an de plus à leur pénible et courageuse patience.

Ici finit ma tâche. Je désire y voir s'associer les émigrés comme moi, et aussi maltraités. Le cri de l'honneur malheureux ne sera pas repoussé dans les Chambres, parce qu'il est toujours temps de revenir sur une injustice qui ne peut être ni dans le cœur ni dans la droiture du législateur. Chez toutes les nations civilisées, et particulièrement en France, dans tous les âges de la monarchie, combien de fois ne vit-on pas annuler des lois faites par nos rois aux états-généraux ? Ces assemblées éclairaient la religion surprise du monarque ; il embrassait avec ardeur la vérité aussitôt qu'elle était offerte à ses regards ; une loi plus en harmonie avec le bonheur de ses sujets, venait alors remplacer celle qui me⁻naçait la félicité populaire.

Si l'on veut consulter l'excellente *Disser-tation* de M. le baron Locré, dont j'ai précé-demment parlé, on y verra la justice et la vérité écrites en lettres de feu, et recevant une forte portion de leur éclat des adversaires de la libération eux-mêmes.

Je ne puis mieux terminer qu'en citant quelques fragmens de la touchante conclusion de cette *Dissertation*. Cette citation fera peut-être sentir le besoin de méditer le mémoire important de M. le baron Locré.

« C'est, dit-il (1), la légèreté des uns et la
» mauvaise foi des autres, qui ont enfanté
» ces systèmes iniques, monstrueux, contra-
» dictoires, inexplicables, même pour leurs

______

(1) *Dissertation.* — Conclusion, pag. 175-176.

» propres auteurs, et également réprouvés
» par la législation; dont l'affreux résultat
» serait de convertir des lois bienfaisantes en
» lois de déception : ces lois auraient été an-
» noncées comme devant, autant que possi-
» ble, réparer les malheurs des émigrés, et
» elles les perpétueraient, les aggraveraient,
» y mettraient le comble, le tout pour favo-
» riser de prétendus créanciers que l'État ap-
» pelait à se faire payer, qu'il payait, et qui
» ne peuvent s'en prendre qu'à eux-mêmes
» s'ils ne le sont pas!

» Mais, pour peu qu'on veuille méditer les
» lois qui régissent cette pénible matière, les
» rapprocher, en saisir l'ensemble, faire enfin
» usage de l'analyse, sans laquelle on ne voit
» jamais les choses telles qu'elles sont, la
» confusion des idées se dissipe, la vérité ap-
» paraît, on aperçoit clairement que la lé-
» gislation primitive a nécessairement et
» complètement dégagé les émigrés par suite
» de la confiscation, a reporté sur l'État leur
» passif comme leur actif, et que la législation
» secondaire a maintenu leur libération. Quoi!
» l'élimination, l'amnistie, le rappel, auraient
» rendu à un malheureux cent mille francs

» sur des millions que la confiscation lui avait
» enlevés, et parce qu'il recouvre cent mille
» francs, il sera tenu de payer deux cent
» mille francs que devaient ses biens, et que
» l'État, qui les prenait, s'était chargé d'acquit-
» ter ! Ne retrouvât-il rien de ses anciens
» millions, il devra encore ! Le seul avantage
» qu'il retirera de l'élimination, de l'amnis-
» tie, du rappel, sera de tomber en la puis-
» sance de ses anciens créanciers, devenus
» ceux de l'État ; de perdre jusqu'à son avenir,
» de demeurer dans un état perpétuel d'ilo-
» tisme ! Une telle atrocité est-elle convenable
» et possible ? N'est-ce point blasphémer
» contre le Roi que de supposer qu'il l'a consa-
» crée par l'ordonnance du 21 août et la loi
» du 5 décembre (1) ? Mais j'ai prouvé qu'on
» calomnie ces lois quand on leur prête cette
» horrible déception. Certes, les anciens
» créanciers des éliminés, des amnistiés, des
» rappelés, ne sont plus créanciers que de
» l'État. S'ils ne sont pas payés, c'est leur
» faute ; s'ils ne peuvent plus l'être par l'État,

____

(1) 1814.

2

» parce qu'ils ont encouru la déchéance, c'est
» encore leur faute. Leurs débiteurs origi-
» naires ne leur doivent rien. Tant pis pour
» eux s'ils ne sont plus créanciers de per-
» sonne. »

SUPPLÉMENT.

Je ne rappellerai point dans ce *Supplément* ce que j'ai dit dans ma première brochure, que je joins ici en second envoi; il doit me suffire d'y renvoyer. Mais il m'importe d'éclairer les opinions sur le résultat de ce que j'ai avancé, relativement à la loi d'indemnité, si étrangement dénommée *loi de justice*.

Lorsque les principes imprescriptibles de la raison et de la justice arment la conviction de l'homme de bien, il est de son devoir d'insister sur le redressement des erreurs; et comme la fragilité humaine est le triste partage de tous les hommes, les législateurs eux-mêmes ne sauraient donc pas en être affranchis.

Ces observations, dont personne sans aucun doute ne contestera la vérité, et qui embrassent l'ordre général des choses, s'appliquent plus particulièrement encore, et dans un sens immédiat, à la loi de *l'indemnité des émigrés*.

En effet, dans la discussion solennelle de cette loi, pairs, députés, ministres, tous se sont réunis dans un même sentiment de conscience publique; tous ont déclaré, en termes plus ou moins précis, que la spoliation des émigrés avait été un acte de forfaiture; que l'indemnité qui leur était due, devait au moins être entière et *intégrale*; et remarquons que cette *intégralité* est la base fondamentale de la loi adoptée, qu'elle en est le principe et le but; que, sans cette double conséquence, en effet, la volonté du Roi et les principes invariables de la justice ne sauraient être satisfaits.

Pour que cette loi fût une loi de *justice*, il aurait donc fallu qu'elle indemnisât l'émigré *intégralement* des propriétés dont on avoue qu'il a été injustement dépouillé; c'est-à-dire que la valeur d'une terre en 1793, devait être couverte *intégralement* par une valeur égale en 1825. Il semble, à l'inspection de la simple raison, que c'était bien la moindre obligation à remplir vis-à-vis de celui auquel la loi annonce une indemnité *intégrale*. C'est déjà, de la part de l'émigré, un abandon assez méritoire assurément, que de se contenter du prix de sa terre en 1793, qui serait très supérieur aujourd'hui, s'il en était resté propriétaire.

Mais bien loin de là, non seulement l'émigré ne reçoit point l'indemnité sur l'échelle de la valeur actuelle de sa terre; non seulement on ne la lui donne point même sur la valeur de cette terre à l'époque de la spoliation, mais le système inconcevable des catégories réduit à presque rien ou peu de chose, et pour d'autres à rien du tout, cette indemnité que la loi annonce *intégrale*. Il est donc bien raisonnable de demander pourquoi cette différence entre les émigrés ? Tous n'ont-ils pas couru les mêmes dangers ? Tous n'ont-ils pas suivi le même chemin de l'honneur, défendu la religion sainte d'un Dieu de justice, et la royauté légitime, soit sous les bannières du Roi dans l'émigration, soit avec les royalistes de l'intérieur ? Pourquoi donc deux catégories ? Pourquoi cette différence entre ceux des émigrés qui avaient des bois dont ils ont té injustement dépossédés, et ceux qui étaient propriétaires de prairies ou de terres labourables ? Tous les principes de raison, de justice, de politique et de législation, ont constamment consacré comme inviolable le droit de propriété parmi les hommes, parce qu'il est la plus forte garantie de la tranquillité des empires ; d'où il faut raisonnablement conclure que la rupture de ce lien est l'urne ouverte des vents qui se déchaînent et amènent les orages. Or, quel est le véritable propriéaire ? n'est-ce pas l'émigré ? S'il n'a point consenti volontairement à la vente de ses biens ; s'il ne l'a point ratifiée, la loi, je le demande, est-elle juste, lorsqu'elle les laisse aux prétendus acquéreurs, sans le remboursement préalable de la valeur ? et, répéterons-nous toujours, de la valeur *entière*, ainsi que l'entend explicitement la loi sur l'indemnité *intégrale*.

Combien ces réflexions deviennent douloureuses, quand on reporte ses souvenirs à l'époque de la spoliation des émigrés ! lorsqu'on se rappelle que les acquéreurs ont obtenu les biens pour si peu d'argent, plusieurs pour rien, et que tous en jouissent depuis plus de

trente années ! Au nombre de tant de victimes si cruellement froissées par des résultats
aussi funestes, il doit m'être d'autant plus permis de me citer pour exemple, que la vérité
de tout ce que j'avance est constatée par des
documens officiels et publics , conséquem-
ment hors de toute contestation.

Abordons maintenant la question relative
aux prétendus créanciers des émigrés , et
voyons si la loi d'indemnité porte, à cet effet,
le caractère *de justice* si solennellement an-
noncé lors de sa présentation aux Chambres.

Certes, en parlant au nom du Roi, les or-
ganes du trône ne pouvaient apporter que
l'expression noble d'une volonté auguste,
toujours bonne, toujours bienveillante, toujours juste : telles étaient assurément les vo-
lontés du Roi. Si les vices de la loi en ont obs-
curci, peut-être effacé la justice, les conseil-
lers du monarque s'empresseront sans doute
de réparer ce malheur, en affranchissant la
loi des fatales conséquences de son applica-
tion.

En effet, n'était-ce point assez, après avoir
promis une indemnité *intégrale*, de la réduire
si étrangement par l'introduction et le calcul

des catégories ? La loi ne devait-elle pas au moins garantir à l'émigré la propriété inaliénable de cette ombre d'indemnité ? Fallait-il encore, pour compléter ce système défectueux, sortir de cette seconde spoliation pour arriver à une troisième, en donnant au prétendu créancier de l'émigré, ce qui n'appartenait à personne qu'à cet émigré, ainsi que je l'ai dit dans ma première brochure, et se trouve d'ailleurs démontré d'une manière si incontestable, par la *Dissertation* que j'ai citée, de M. le baron *Locré*.

. Puisque la Charte a laissé aux prétendus acquéreurs, des biens par eux aussi injustement acquis, pourquoi le gouvernement actuel n'a-t-il pas adopté la législation révolutionnaire, qui, en ordonnant la vente des biens des émigrés, avait au moins fixé un terme pour la liquidation de leurs créanciers, après lequel ils étaient légalement déchus de leurs droits ? Hélas! l'histoire serait-elle réduite à avouer un jour que les émigrés trouvèrent plus de déférence et d'égards chez le gouvernement révolutionnaire, que ne leur en offrit le gouvernement monarchique et légitime ? Comment, en effet, concevoir une loi déclarée *loi de justice,* qui refuse de reconnaître une prescription solennellement ordonnée par toutes les législations depuis trente-trois ans ! Hé quoi ! une prescription si puissante dans ses motifs, si légitime dans l'ordre de toutes les idées raisonnables, fut accordée par les tribuns révolutionnaires, aux émigrés, comme une égide tutélaire contre d'injustes prétentions, et les droits de cette prescription sont éteints par un gouvernement royaliste !!!........ A moins que le dévoûment ne soit qu'une erreur et la fidélité un crime, hélas ! qu'ont donc fait les émigrés et les royalistes de l'intérieur, pour être traités plus durement que les banqueroutiers qui jouissent au moins des bienfaits d'une prescription ? Hé quoi ! la loi fixe un terme aux émigrés pour la réclamation de leur indemnité, et dans sa lettre ni dans son esprit il n'en est aucun pour les réclamations de leurs prétendus créanciers ! De plus, cette loi oblige l'émigré à rembourser le capital d'une rente constituée, parce que le gouvernement *qui a dû faire ce remboursement,* ne l'a pas opéré !

Maintenant, je le demande, n'est-ce pas du plus funeste et dangereux exemple que de donner pour une *loi de justice* à une nation éclairée, *la justice de cette loi?* N'aurait-elle pas dû, au moins, réserver aux malheureux émigrés le droit de lésion qu'aucune législation n'a jamais refusé aux hommes des régions civilisées? Cette lésion, soit par les élémens qui constituent la loi, soit par les catégories établies, n'est-elle pas de la dernière évidence pour la majeure partie des émigrés participans?

En me citant de nouveau pour exemple, afin d'être à l'abri d'un reproche d'erreur, pourquoi toutes mes terres, ayant été vendues 130,000 fr. en argent, au plus, (ainsi qu'il est constaté par les détails que j'ai pris dans les archives des préfectures), pourquoi, dis-je, le gouvernement veut-il me faire payer 413,261 fr. en argent? Il gagne donc sur moi 283,261 fr. Comment peut-on appeler une semblable disposition? Enfin, pourquoi ne suis-je instruit qu'en masse de ce qui a été payé à mes prétendus créanciers? Quand un créancier, en effet, demande ce qui lui est dû, il produit son titre, et celui qui doit examiner s'il n'y a point fraude ou fausse signature même, ou enfin, s'il n'a point payé la somme, ce qui est arrivé très souvent.

Ce qu'il y a de bien certain, c'est que, dans tout ce qui m'est personnel, l'événement a justifié ce que j'ai avancé dans ma première brochure : que mes quatre terres sont insuffisantes pour payer mes prétendus créanciers, tandis qu'une seule suffisait avant la révolution, en me laissant encore une somme de disponible sur sa valeur, sans y comprendre celle de beaucoup d'objets de prix que j'ai perdus dans la tourmente révolutionnaire.

Ainsi, lorsqu'il est constant, d'une part, que mes quatre terres n'ont été vendues qu'à une très petite fraction de leur valeur, dans le temps où s'appliquait la loi spoliatrice ; ensuite, que ces terres ont obtenu depuis un prix très supérieur à l'estimation récente, parce que les bases prises en sont toutes fautives ; on peut juger de la rigueur injuste avec laquelle je suis traité, ainsi que tant d'autres émigrés, par la loi d'indemnité, appelée *loi de justice*.

Résumons enfin ces réflexions si pénibles.

Certes, personne ne contestera que les émigrés et les royalistes de l'intérieur, n'ont fait que répondre à l'appel du devoir et de l'honneur, lorsqu'ils ont couru à la défense de la monarchie proscrite, soit sur une terre

étrangère , soit dans l'immortelle Vendée ,
contre les phalanges républicaines. Assurément
un pareil dévouement, une aussi constante fidélité, qui défièrent trente ans tous les genres
de privations, de dangers, de sacrifices, mé-
ritaient du moins quelques égards. Dans cet
état de choses, il semble que la première loi
du gouvernement restauré des Bourbons, devait être en faveur des émigrés et des royalistes purs de l'intérieur. Ils avaient d'autant
plus de droit d'y prétendre, que les uns et
les autres ont seuls amené la dissolution du
gouvernement révolutionnaire, non seulement
dans les armées des alliés et sous le comman-
dement des chefs des royalistes de l'intérieur,
mais encore par leurs démarches et leurs
missions près les cabinets des diverses puis-
sances. C'était donc bien la moindre des choses
qu'on méditât davantage une loi destinée à
les indemniser de tout ce qu'ils ont perdu ,
sans avoir jamais dû le perdre. Au moins un
sentiment de justice la plus commune, exi-
geait-il que cette loi ne fût point aussi légère-
ment votée, et qu'on consacrât un an à la
mûrir. L'honneur dépouillé qui souffrait depuis si long-temps sans plainte et sans murmure,

aurait, certes, attendu un an de plus dans le même silence.

Terminons ces douloureux détails par une réflexion qu'il m'est important d'y joindre.

Qu'on ne pense point que leur publication est le résultat d'une opposition systématique ; la cour et la ville savent que je n'ai jamais été un homme de parti ; mes sentimens, mes principes, ma longue carrière, ma vie tout entière, en un mot, me met à l'abri d'un semblable reproche. Élevé dans la fidélité et le dévouement, j'y ai tout sacrifié. Ce n'est donc que par un sentiment de droiture et d'honneur que j'ai voulu éclairer le gouvernement sur les erreurs malheureuses d'une loi qui retrouve encore les émigrés au rang des victimes. La France doit d'autant plus espérer que les observations que je publie ne seront pas sans fruit, qu'il est toujours temps de revenir sur une loi reconnue injuste et vicieuse. Cette vérité reçoit en ce moment surtout un nouvel éclat, par l'exemple que nous en présente la loi nouvelle sur la presse.

Le même gouvernement qui a fait la loi sur la presse, revient sur cette loi ; le même gouvernement qui a fait la loi d'indemnité, peut donc la rectifier. Un seul émigré ou royaliste de l'intérieur, devrait-il, en effet, avoir à se plaindre d'un gouvernement monarchique et légitime ?...

FIN.